Karin Köppel

SCHEREN-SCHNITT

frechverlag

Pilze (Abbildung auf Seite 1)

Motivgröße:
- ca. 4,5 cm x 5 cm

Vorlagenbogen:
- 1A

Material:
- Scherenschnitt-papier-Rest
- Passepartout karte in A6

Das Pilz-Motiv eignet sich gut als Übung. Durch ein Passepartout entfaltet es seine volle Wirkung. Schneiden Sie das Motiv mit der Schere aus und arbeiten Sie dann die wenigen feinen Schnitte mit dem Papier-messer.

Tulpentopf (Abbildung auf Seite 1)

Motivgröße:
- ca. 7,5 cm x 10 cm

Vorlagenbogen:
- 1A

Material:
- Scherenschnitt-papier in A6
- Passepartoutkarte in A6

Hier empfiehlt sich die umgekehrte Vorgehensweise. Das Arbeiten mit dem Papiermesser fällt leichter, solange das Papier noch Stabilität hat, d.h. wenn die Blüten noch nicht ausgeschnitten sind.

Fotos: frechverlag GmbH + Co. Druck KG, 70499 Stuttgart;
Fotostudio Ullrich & Co., Renningen

Dieses Buch enthält:
1,5 Vorlagenbogen

Auflage: 5. 4. 3. 2. 1. | Letzte Zahlen
Jahr: 2005 2004 2003 2002 2001 | maßgebend

frechverlag GmbH + Co. Druck KG, 70499 Stuttgart

ISBN 3-7724-2789-8 · Best.-Nr. 2789

Druck: frechverlag GmbH + Co. Druck KG, 70499 Stuttgart

Liebe Scherenschnitt-Freunde,

der Scherenschnitt ist ein klassisches Hobby, bei dem Sie bereits nach kurzer Zeit eindrucksvolle Ergebnisse erzielen können.

Erst 1999 bin ich selbst auf den Scherenschnitt aufmerksam geworden. Zunächst arbeitete ich nach Vorlagen und fing mit einfachen Motiven an. Nach etwas Übung wagte ich filigrane Schnitte. Bald stellte ich fest, dass es nur wenige Vorlagen gibt und begann einen Blick für die „Silhouette" zu entwickeln. Kein geeignetes Motiv sollte mir entgehen!

Auch beim eigenen Gestalten ist sehr viel Übung notwendig, bis schwierigere Arbeiten gelingen. In diesem Buch möchte ich Ihnen Scherenschnitte von klassisch bis modern vorstellen.

Kleine Geschenke mit einer persönlichen Note finden Sie ebenso wie aufwändigere Motive oder „Meisterstücke". Lassen Sie sich zum Ausprobieren anregen und entdecken Sie ein faszinierendes Hobby!

Ihre

Karin Hennl

Das Material

- Scherenschnitt-papier
- Scherenschnitt- bzw. Silhouetten-schere
- Papiermesser (Cutter)
- Transparentpapier
- 2 Bleistifte (weich/hart)
- Klebstoff, der sich punktuell dünn auftragen lässt
- Schneideunterlage
- Schwämmchen
- 2 feine Stifte in Schwarz und Weiß
- Radiergummi
- Büroklammern
- Lineal
- Verschiedene Passepartouts
- Verschiedene Karten
- Bilderrahmen

Schere/ Papiermesser

Scherenschnitt- bzw. Silhouettenscheren sind im Fachhandel erhältlich. Eine gute Schere ist die Voraussetzung für das Gelingen eines Scherenschnitts. Ich selbst benutze eine Silhouettenschere mit feinen, gut geschliffenen Spitzen. Achten Sie darauf, dass Sie die Schere von Zeit zu Zeit nachschleifen lassen, damit sie ihre Qualität behält. Zum Ausprobieren kann man jede kleine Schere (Nagelschere) benutzen, doch mit etwas Übung werden Sie feststellen, dass gutes „Handwerkszeug" mit guten Ergebnissen belohnt wird. Beim Papiermesser (Cutter) gibt es ebenfalls unterschiedliche Klingen. Finden Sie für sich heraus, welches Messer Sie gut handhaben können. Das Papiermesser wird benötigt um mithilfe des Lineals gerade Schnitte auszuführen oder für kleine präzise Einschnitte, von denen aus Sie mit der Schere weiterarbeiten können. Eine Schneideunterlage sollte dabei unbedingt benutzt werden. Ich persönlich nehme den *Scheren*schnitt wörtlich und arbeite hauptsächlich mit der Schere.

Scherenschnittpapier

Es gibt Papier mit gummierter Rückseite, d.h. hier reicht das Anfeuchten mit einem Schwämmchen um das fertige Motiv aufzukleben. Absolut trockene Hände sind für die Bearbeitung Voraussetzung, sonst klebt das Papier an den Fingern. Ungummiertes Papier muss sorgfältig mit Klebstoff aufgeklebt werden. Dieses Papier ist oft etwas dünner und eignet sich daher gut zum Falten (Faltschnitt). Dünnes Papier lässt sich auch besser schneiden und ist bei filigranen Scherenschnitten von Vorteil. Ich habe festgestellt, dass sich Bleistift auf ungummiertes Papier besser übertragen lässt.

Arbeitsschritte

1. Abpausen

Legen Sie das Transparentpapier auf die Vorlage und zeichnen Sie diese mit einem weichen Bleistift nach. Die übereinander gelegten Papiere werden mit Büroklammern zusammengehalten.

▸ 2. Übertragen

Wenden Sie das Transparentpapier, legen Sie es auf die Rückseite des Scherenschnittpapiers und übertragen Sie das Motiv mit einem harten Bleistift.
Bitte beachten Sie: Durch das Wenden des Transparentpapiers entsteht der Scherenschnitt wie im Original. Pausen Sie hingegen das Original mit Kohlepapier auf die Rückseite des Scherenschnittpapiers, erhalten Sie das Motiv seitenverkehrt. Wenn man mit Kohlepapier arbeitet, besteht zudem die Gefahr, dass das aufgetragene Motiv verwischt.

▸ 3. Ausschneiden

Während des Schneidens bleibt die Hand, die die Schere führt, ruhig. Die andere, freie Hand bewegt das Papier nach der vorgezeichneten Linie. Mittel- und Ringfinger bieten während des Schneidens eine gute Stütze für die Schere in der anderen Hand. Arbeiten Sie einen Schnitt immer von einer Richtung aus ohne schwierige Stellen auszusparen. Beginnen Sie beim Schneiden nie an verschiedenen Stellen gleichzeitig, da das Papier sonst seine Stabilität verliert und sich nur noch schwer handhaben lässt.

▸ 4. Aufkleben

Beim Aufkleben – ob mit Klebstoff oder mit einem Schwämmchen – zunächst einen Punkt des Motivs festkleben und von da aus weiterarbeiten. Einen großen Scherenschnitt niemals ganz anfeuchten. Er rollt sich zusammen und verklebt. Der Klebstoff bei ungummiertem Papier wird mit einem spitzen Stäbchen punktweise aufgetragen. Spart man einige Stellen aus, wirkt der Scherenschnitt hinter Glas durch die leichten Schatten etwas lebendiger. Bei Karten jedoch sollte man auf ein komplettes Aufkleben achten um Beschädigungen zu vermeiden.

▸ Faltschnitte

Den einfachen Faltschnitt kennt man meist schon aus der Kindheit. Sie falten das Scherenschnittpapier mit der schwarzen Seite nach innen. Dann übertragen Sie eine *Motivhälfte*, sodass die Faltkante die Mittelachse der Arbeit bildet. Aufgeklappt entsteht ein symmetrischer Scherenschnitt. Den Faltschnitt öffnen Sie erst, wenn er fertig gearbeitet ist, denn er lässt sich für Korrekturen nur sehr schwer wieder passend aufeinander legen.

Gestaltung

Ein klassischer Scherenschnitt wird aus schwarzem Papier geschnitten und auf weißes Papier geklebt. Achten Sie auf eine gute Qualität, damit das Papier mit der Zeit nicht vergilbt. Natürlich gibt es viele Variationsmöglichkeiten, von denen Sie einige in diesem Buch sehen werden. Man kann die Scherenschnitte mit wirkungsvollen Papieren hinterlegen oder mit Passepartouts tolle Effekte erzielen.
Bitte verstehen Sie die gezeigten Fotos in diesem Buch als Anregung für Ihre individuelle Präsentation der fertigen Scherenschnitte!
Ich selbst bevorzuge den schwarzen Scherenschnitt, aber selbst hier sind dem Ausprobieren keine Grenzen gesetzt. Der Handel bietet eine Vielzahl von Papiersorten, die sich für Schnitte eignen und für eine schöne Abwechslung sorgen können.

Vier Jahreszeiten

Motivdurchmesser:
- ca. 22 cm

Vorlagenbogen:
- 1A

Material:
- Scherenschnittpapier in A3

Zunächst schneiden Sie den Kreis aus, damit Sie ohne störendes Randpapier weiterarbeiten können. Mit Lineal und Papiermesser schneiden Sie nun den schmalen Balken zwischen dem Frühlings- und Sommermotiv. Schneiden Sie danach mit dem Papiermesser den Mittelpunkt des Scherenschnitts, denn jetzt bietet das Papier für exakte Schnitte noch den besten Halt. Von hier aus können Sie in den Scherenschnitt hineingreifen und alle vier Motive nacheinander fertig arbeiten. Die Leiter im Herbstmotiv sollte vor dem Apfelbaum geschnitten werden. Die Vögel werden als kleine Faltschnitte gearbeitet und aufgeklebt.

Bonsais und Kakteen

(Beschreibungen auf Seite 10)

Bonsais (Abbildung Seite 8/9)

Motivgrößen:
- ca. 8 cm x 9,5 cm (Mitte)
  ca. 8,5 cm x 9 cm (rechts)

Material:
- Scherenschnittpapier in A6

Vorlagenbogen:
- 1A

Um die Äste ausschneiden zu können bringt man mit dem Papiermesser kleine exakte Schnitte an und arbeitet von hier aus mit der Schere weiter. Sehr kleine Flächen mit der Schere einzustechen könnte das Motiv eventuell zerstören. Arbeiten Sie zuerst diese Feinheiten und schneiden Sie dann den Umriss.

Kakteen (Abbildung Seite 8/9)

Motivgröße:
- ca. 9,5 cm x 10 cm

Material:
- Scherenschnittpapier in A6
- Passepartoutkarte in B6

Vorlagenbogen:
- 1A

Schneiden Sie zuerst die Kakteenstacheln und das Blüteninnere, danach können Sie das restliche Motiv ausschneiden.

Löwenzahn

Motivgröße:
- ca. 11,5 cm x 10,5 cm

Material:
- Scherenschnittpapier in A5

Vorlagenbogen:
- 1A

Die oben beschriebene Grundregel einhalten – d. h. erst die Feinheiten im Motiv und dann den Umriss schneiden – und man bekommt ein wunderbares Ergebnis. Die Pusteblumen schneidet man zum Schluss, damit sie nicht abreißen.

Frosch

Motivgröße:
- ca. 10,5 cm x 10,5 cm

Material:
- Scherenschnittpapier-Reste
- Passepartoutkarte in A6

Vorlagenbogen:
- 1A

Die Vögel sind kleine Faltschnitte. Die Blattzwischenräume der Binsen mit einem kleinen Papiermesserschnitt versehen und dann mit der Schere weiterarbeiten. Das Froschauge ist eine Übung für das Arbeiten mit der Schere. Sie können dabei eventuell zunächst einen kleinen Schnitt mit dem Papiermesser setzen.

KK
2000
KK
2000

Clowns

Material für alle Clowns:
- Scherenschnittpapier in A5

Vorlagenbogen:
- alle Vorlagen auf 1A

Die Rahmen und der Balken werden mit dem Lineal und dem Papiermesser aus buntem Tonpapier geschnitten und gemäß der Abbildung aufgeklebt. Danach setzen Sie die Clowns ein. Schneiden Sie die Clowns aus und arbeiten Sie dann die Details mit dem Papiermesser. Diese Motive bieten genug Papierfläche um das Messer erst im zweiten Schritt einzusetzen. Für die Augen ist eventuell eine Übung mit einem Papierrest notwendig, damit die Arbeit auch gelingt.

Mein Tipp: Schneiden Sie diese wichtigen Details immer zuerst. Sie machen sich dann Ihre vorangegangene Arbeit nicht zunichte, falls Ihnen die Details nicht auf Anhieb gelingen.

Clowns in bunten Rahmen

Motivgröße:
- ca. 11,5 cm x 11 cm

Material:
- Tonpapierreste: rot, grün und ge

Großer und kleiner Clown (Rückseite)

Motivgröße:
- ca. 8,5 cm x 11 cm

Material:
- Tonpapierrest: rot

Winkende Clowns (Rückseite)

Motivgröße:
- ca. 10 cm x 12 cm

Material:
- Tonpapierreste: grün, blau, rot und gelb

Clown mit blauer Kulisse (S. 15)

Motivgröße:
- ca. 11 cm x 12 cm

Material:
- Tonpapierreste: blau und gelb

Die Kulisse wird nur leicht fixiert, damit der Clown noch eingesetzt werden kann. Erst dann klebt man die ganze Arbeit fest.

Clown mit Vorhang

Motivgröße:

- ca. 10,5 cm x 7 cm

Material:

- Tonpapierrest: pink

Clown mit Luftballons

Motivgröße:

- ca. 13,5 cm x 13,5 cm

Material:

- Tonpapierrest: blau

Mein Tipp: Die Luftballonschnur bis zum Schluss aussparen! Die zwei Rahmen sind einzeln geschnitten.

Vorlagenbogen:

- alle Vorlagen auf 1A

Clowns mit Bällen

Motivgröße:

- ca. 14,5 cm x 16,5 cm

Material:

- Tonpapierrest: rot

Das Scherenschnittpapier wird gefaltet und das Motiv somit doppelt gearbeitet. Dies bedarf etwas Übung, da zum Ende hin der Mittelbruch (Faltkante) weggeschnitten wird und die zwei aufeinanderliegenden Motive sich leicht verschieben können. Die Bälle werden ebenfalls doppelt gearbeitet und einzeln aufgeklebt.

Handstand-Clown

Motivgröße:

- ca. 6 cm x 9,5 cm

Material:

- Seidenpapierreste: blau, orange, rot, grün und gelb

Das Seidenpapier muss so zugeschnitten werden, dass am Rand nichts übersteht. Am besten legen Sie das bunte, durchsichtige Papier auf die Rückseite des ausgeschnittenen Clowns, markieren die notwendige Größe mit einem Bleistift, schneiden das Papier aus und kleben es fest.

Sich verbeugender Clown

Motivgröße:

- ca. 12 cm x 15 cm

Motivhöhe:

- Tonpapierrest: blau und gelb

Freudiges Ereignis

Motivgrößen:
- ca. 13 cm x 10 cm (oberes Bild)
- ca. 10 cm x 11,5 cm (unteres Bild

Material:
- Scherenschnittpapier-Reste

Vorlagenbogen:
- 1B

Die folgenden Karten sind aus einzelnen, kleinen Faltschnitten gearbeitet und ganz individuell zu gestalten. Tragen Sie Name, Datum, Gewicht, Größe und Uhrzeit ein. Wie diese Beispiele zeigen, können Sie je nach Übung einfache Arbeiten (oberes Bild) durch filigranere Elemente ersetzen. Die Uhrzeiger werden je nach Fertigkeit ausgeschnitten oder aufgemalt. Eingerahmt oder als Karte gestaltet - die Vorlagen können Sie sich auf die gewünschte Größe kopieren - sind die Motive ein schönes persönliches Geschenk zum „freudigen Ereignis".

Schulanfang

Motivgröße:
- ca. 9 cm x 8,5 cm

Material:
- Scherenschnittpapier in A6

Vorlagenbogen:
- 1A

Das Motiv wird ausgearbeitet und die Schultafel wird mit einem weißen Stift beschriftet.

3420 g
15.9.2000
52 cm
Martin

Zwölf Sternbilder

Motivdurchmesser:

- ca. 21,5 cm

Material:

- Scherenschnittpapier in A3

Vorlagenbogen:

- 1B

Der Tierkreis bildet sich aus zwölf Sternbildern. Wie bei den „Vier Jahreszeiten" (S. 6/7) schneiden Sie zunächst den Kreis aus.
Dann wird der Baum gearbeitet: Verwenden Sie dabei für die Sonnenstrahlen Papiermesser und Lineal. Die Zeichen am Baumstamm können Sie je nach Fertigkeit mit Schere oder Papiermesser schneiden. Bei den zwölf Symbolen, die um den Baumstamm herum angeordnet sind, wird bei fünf Symbolen der Innenteil getrennt geschnitten und eingeklebt. Jetzt können Sie in den Scherenschnitt hineingreifen, was manchen Schnitt erleichtert.
Zum Schluss wird der Rand mit den zwölf Tierkreiszeichen geschnitten.

Die einzelnen Sternzeichen

Motivgröße:

- ca. 6 cm x 6 cm

Material:

- Scherenschnitt-papier-Reste
- Passepartout-karten in A6
- Klappkarten in A6
- Naturpapier-Reste

Vorlagen-bogen:

- 1B

Die wenigen feinen Ornamente können Sie arbeiten, nachdem das Motiv ausgeschnitten ist.
Für die Gestaltung der Karten beachten Sie bitte den Text zu den „Geburtstagsgrüßen" auf S. 22.

Geburtstagsgrüße

Motivgröße:

- ca. 7 cm x 7 cm

Material:

- Scherenschnittpapier in A6
- Passepartoutkarten in A6
- Klappkarten in A6
- Naturpapier-Reste

Vorlagenbogen:

- 1A

Ein Geburtstag ist immer ein willkommener Anlass eine persönliche Karte zu gestalten. Das Sternzeichen, die Geburtstagszahl (die nicht unbedingt rund sein muss), beides kombiniert, ein passendes Gedicht - es gibt viele Variationen. Zahlen und Sternzeichen lassen sich leicht selbst zusammenstellen. Verstehen Sie die gezeigten Motive als Anregung. Traut man sich nicht zu, eine Zahl selber aufzumalen, kann man notfalls auf einen Computer zurückgreifen. Die Vorlagen lassen sich leicht kleiner oder größer kopieren. Sie können auch nur die Sternzeichen verwenden. Unterlegen Sie ein schönes Papier oder wählen Sie ein Passepartout. Bisher haben meine Karten immer ein „gerahmtes Ehrenplätzchen" gefunden.

Die Bremer Stadtmusikanten

Motivgröße:

- ca. 18 cm x 19 cm

Material:

- Scherenschnittpapier in A4

Vorlagenbogen:

- 1B

Haus, Tiere und Tannen werden extra gearbeitet. Das Haus und die Tannen sind einfach zu schneiden. Bei den Tieren sollte man auf ganz exaktes Arbeiten achten, damit ein schöner Gesamteindruck entsteht. Kleben Sie die Tiere so auf, dass sie senkrecht aufeinander stehen. Mit schwarzem Filzstift (Fineliner) können Sie den Boden andeuten.

Aschenputtel

Motivgröße:
- ca. 15,5 cm x 18,5 cm

Material:
- Scherenschnittpapier in A4

Vorlagenbogen:
- 1B

Dieser Scherenschnitt wird von unten nach oben gearbeitet. Man beginnt rechts mit der Vase, dann folgen das Mädchen, die Tauben, die Töpfe und der Kamin. Bringen Sie die Ornamente im Bogen an, bevor Sie ganz zum Schluss diesen ausschneiden. Damit verhindern Sie das Abreißen des Bogens. Die Körner werden mit einem schwarzen Stift aufgemalt.

Sterntaler

Motivgröße:
- ca. 18 cm x 17 cm

Material:
- Scherenschnittpapier in A4
- Goldspray

Vorlagenbogen:
- 1B

Auch hier beginnen Sie mit dem Boden und schneiden dann das Mädchen aus. Jetzt können Sie in den Scherenschnitt hineingreifen und die sehr empfindlichen Sterne arbeiten. Die Tannen werden zum Schluss geschnitten, da sich das Innere sehr schnell verdreht und einreißt. Je nach Geschmack können Sie etwas Goldspray auf den fertigen Scherenschnitt sprühen.

Tarock-Karte

Motivgröße:

- ca. 15 cm x 22,5 cm

Material:

- Scherenschnittpapier in A4

Vorlagenbogen:

- 1B

Bei dieser Arbeit ist das Papiermesser gefragt. Der Rahmen wird mithilfe des Lineals angefertigt. Die zwei Bodenteile werden extra aufgeklebt.

Drache

Motivgröße:
- ca. 17,5 cm x 12,5 cm

Material:
- Scherenschnittpapier in A5

Vorlagenbogen:
- 1B

Der Drache ist ein mythischer Verwandter der Saurier, der schon seit Jahrtausenden die Fantasie der Menschen anregt.
Schneiden Sie das Motiv aus und bringen Sie dann mit dem Papiermesser die feinen Details an. Bei den vielen feinen Schnitten ist Ausdauer gefragt, die jedoch mit einem schönen Ergebnis belohnt wird!

Die Arche Noah

Motivgröße:
- ca. 31 cm x 19 cm

Material:
- Scherenschnittpapier in A3

Vorlagenbogen:
- 2A

Diese Arbeit hat mich sehr viel Bleistift und Papier gekostet. Ich habe mich gefragt, ob ich jedes Tier paarweise oder einzeln abbilden möchte. Schließlich habe ich mich für eine Kombination entschieden.
Die Vorlage muss komplett übertragen und sehr vorsichtig bearbeitet werden, da an manchen Stellen nur wenig Papier die Verbindung herstellt.
Zuerst schneiden Sie die Arche und arbeiten sich dann Stück für Stück weiter.
Dieses Bild ist ein Herausforderung für Geübte, die mit den Grundregeln des Scherenschnitts bestens vertraut sind.

Die Weihnachtskrippe

Motivgröße:
- ca. 23,5 cm x 15 cm

Material:
- Scherenschnittpapier in A4
- Goldspray

Vorlagenbogen:
- 2A

Wenn Sie diesen Scherenschnitt kleiner kopieren, können Sie damit eine schöne filigrane Karte gestalten. Den Hintergrund habe ich mit einem schwarzen Stift angedeutet. Die gesamte Arbeit wurde leicht mit Goldfarbe besprüht.

Weihnachtsbaum

(Abbildung auf Seite 32)

Motivgröße:
- ca. 11 cm x 17 cm

Material:
- Scherenschnittpapier in A5
- Goldspray

Vorlagenbogen:
- 2A

Der Weihnachtsbaum wird als Faltschnitt gearbeitet (Anleitung auf S. 5). Dabei lassen Sie jedoch an der Spitze Papier stehen, damit der Stern auf der Baumspitze später übertragen und ausgeschnitten werden kann. Arbeiten Sie von außen nach innen, also erst den Umriss, dann die inneren Zweige und zum Schluss die große Kerze. Nach Belieben können Sie den Baum mit Goldfarbe besprühen.

Weihnachtsbaum

(Beschreibung auf Seite 30)